BEI GRIN MACHT SICH IHR WISSEN BEZAHLT

- Wir veröffentlichen Ihre Hausarbeit,
  Bachelor- und Masterarbeit

- Ihr eigenes eBook und Buch -
  weltweit in allen wichtigen Shops

- Verdienen Sie an jedem Verkauf

Jetzt bei www.GRIN.com hochladen und kostenlos publizieren

Andreas Stein

Tue Gutes und Rede darüber - Öffentlichkeitsarbeit unter besonderer Berücksichtigung neuer Medien

GRIN Verlag

Bibliografische Information der Deutschen Nationalbibliothek:

Die Deutsche Bibliothek verzeichnet diese Publikation in der Deutschen National-
bibliografie; detaillierte bibliografische Daten sind im Internet über http://dnb.d-
nb.de/ abrufbar.

Impressum:

Copyright © 2004 GRIN Verlag GmbH
Druck und Bindung: Books on Demand GmbH, Norderstedt Germany
ISBN: 978-3-638-64619-2

Dieses Buch bei GRIN:

http://www.grin.com/de/e-book/65725/tue-gutes-und-rede-darueber-oeffentlich-
keitsarbeit-unter-besonderer-beruecksichtigung

GRIN - Your knowledge has value

Der GRIN Verlag publiziert seit 1998 wissenschaftliche Arbeiten von Studenten, Hochschullehrern und anderen Akademikern als eBook und gedrucktes Buch. Die Verlagswebsite www.grin.com ist die ideale Plattform zur Veröffentlichung von Hausarbeiten, Abschlussarbeiten, wissenschaftlichen Aufsätzen, Dissertationen und Fachbüchern.

Besuchen Sie uns im Internet:

http://www.grin.com/

http://www.facebook.com/grincom

http://www.twitter.com/grin_com

Medienmanagement

Sommersemester 2004

"Tue Gutes und Rede darüber" Öffentlichkeitsarbeit unter besonderer Berücksichtigung neuer Medien

Lehrstuhl für Wirtschaftsinformatik

Wirtschafts- und Sozialwissenschaftliche Fakultät
Universität Dortmund

Andreas Stein

Inhaltsverzeichnis

1 Einleitung

Mit der exponentiell verlaufenden Etablierung des Internet in der Gesellschaft, welche sich besonders in der vergangenen Dekade beobachten ließ, etablierten sich durch die neuen technischen Möglichkeiten, sowie der zunehmenden Akzeptanz neuer Medien, neue und erweiterte Kommunikationswege und Möglichkeiten.

Gerade für den Bereich der Öffentlichkeitsarbeit eines Unternehmens oder einer Organisation bedeuten diese neuen Kommunikationsstrukturen eine grundlegende Veränderung ihrer Kommunikationsmöglichkeiten,[1] sowie ihrer strategischen Ausrichtung der Öffentlichkeitsarbeit selber. So kann Kommunikation mit den Zielgruppen nun interaktiv, zum Beispiel in Form eines Diskussionsforums gestaltet werden. Globaler durch die weltweite Zugänglichkeit des Internet. Und auch unmittelbarer durch gezieltere und durch die Übertragungstechnik bedingte schnellere Bereitstellung von Informationen. Die einseitige Kommunikation, wie der Werbespot oder die Briefsendungen werden durch die zweiseitige Kommunikation ersetzt, bzw. ergänzt. Auch die Anforderungen an die Kompetenz der Mitarbeiter im Punkte PR und Öffentlichkeitsarbeit hat sich geändert. Bedingt durch die neuen Kommunikationsformen, wurden neue Strategien, Konzepte und Erfolgsfaktoren der Öffentlichkeitsarbeit auf den Plan gerufen. Denn „...durch das Internet [kann es] zu einer neuen, qualitativ besseren Kommunikation zwischen Unternehmen und Öffentlichkeit kommen."[2]

Ziel dieser Arbeit ist es, die einzelnen Möglichkeiten der Nutzung und die Instrumente der neuen Medien innerhalb der Öffentlichkeitsarbeit darzustellen, wobei innerhalb dieser Arbeit lediglich solche neuen Medien beachtet werden, die auch wirklich einen neue Kommunikationsstruktur mit sich bringen. Wie z.B. eine Web-Site, die ständig aktualisiert werden kann, auf die der Nutzer weltweit Zugriff hat, die eine komplexe Informationsstruktur durch Hyperverlinkung bietet. Im Gegensatz dazu wäre eine CD-ROM zu nennen. Auch dieses ist ein neues Medium, allerdings ohne, oder mit sehr geringer, Änderung der Kommunikationsstruktur. Auf einer CD-ROM werden letztlich Informationen gespeichert, die der Nutzer allerdings ohne die typischen Charakteristika von Online-Medien, insbesondere Aktualität und Interaktivität, einsehen kann. Deshalb soll hier eine ausschließliche Betrachtung jener neuen Medien erfolgen, die neue Kommunikationsstrukturen mit sich bringen. Des Weiteren werden Chancen und Risiken für ein Unternehmen, die mit dem Einsatz neuer Medien verbunden sind, aufgezeigt und grundsätzliche Dinge genannt, die es zu beachten gilt sollen

---

[1] Vgl. Friedlaender, S.1.
[2] Schönefeld, S.34.

neue Medien z.B. in Form einer Online-Präsenz im Internet in das bisherige PR-Konzept eingebunden werden.

Die Schwerpunkte dieser Arbeit liegen also auf den sich durch den Einsatz neuer Medien ergebenen Kommunikationsstrukturen sowie auf der praktischen Einbindung der Instrumente neuer Medien in das PR-Konzept eines Unternehmens.

2 Öffentlichkeitsarbeit

2.1 Begriffsbestimmung Öffentlichkeitsarbeit

Um den Einfluss neuer Medien auf die Öffentlichkeitsarbeit feststellen zu können, gilt es nun erst einmal zu klären was genau Öffentlichkeitsarbeit meint. Da die Öffentlichkeitsarbeit ein eher junges Thema ist, dessen sich die Wissenschaft noch wenig angenommen hat, mangelt es an einheitlichen Definitionen, Konzepten, Theorien und Theoremen. Bis heute gibt es keine allgemeingültige Definition. Und was unter Öffentlichkeitsarbeit zu verstehen ist, ist oft widersprüchlich und wird heftig umstritten. Oft werden Begriffe wie Propaganda oder Werbung synonym verwendet, obwohl bei genauerer Betrachtung die einzelnen Begriffe deutliche Abgrenzungen voneinander aufweisen. Während Propaganda doch stets politische, bzw. weltanschauliche Ziele verfolgt, Ängste und Emotionen schürrt und allein die Zielrealisierung als Erfolgsindikator zählt, so hält sich doch die Öffentlichkeitsarbeit die Kommunikation mit (Teil-)Öffentlichkeiten als Aufgabe vor. Wobei hier Teilöffentlichkeiten als die relevanten Zielgruppen der Öffentlichkeitsarbeit verstanden werden sollen. In erster Linie ist die Abgrenzung zur Propaganda darin zu sehen, dass durch Instrumente und Methoden der Öffentlichkeitsarbeit der Austausch mit den Zielgruppen gesucht wird. Auf die Instrumente der Öffentlichkeitsarbeit, sowie auf die Methodik wird im Laufe dieser Arbeit noch genauer eingegangen. Also ist unter Öffentlichkeitsarbeit auch eine Ausrichtung an der Öffentlichkeit zu verstehen, d.h. eine wechselseitige Kommunikation in der um Vertrauen und Verständnis geworben wird. Die langfristige Zielsetzung der Öffentlichkeitsarbeit ist Zustimmung für das unternehmerische Vorgehen zu erreichen und so einen Ausgleich von Interessen herbeizuführen. Es wird also auf wechselseitige Kommunikation und nicht bloße Überzeugungsarbeit gesetzt, denn „...Propaganda polarisiere, radikalisiere, emotionalisiere und dies [kann] nicht Aufgabe der Öffentlichkeitsarbeit [...] sein."[3]

---

[3] Koschnick, Stichwort: Propaganda

Die Abgrenzung zur Werbung ist nicht unbedingt in der Methodik, wie bei der Propaganda, sondern eher in der Zielsetzung zu sehen. Das Instrumentarium der Werbung und der Öffentlichkeitsarbeit ist sogar sehr ähnlich, z.T. auch identisch. Während Werbung jedoch darauf abzielt eine bestimmte Handlung auszulösen, z.b. eine Kaufentscheidung, so ist die Öffentlichkeitsarbeit doch darum bemüht eine bestimmt Haltung zum Unternehmen oder der Organisation zu erreichen. Werbung begnügt sich also damit, den Kunden kurzfristig zu einer bestimmten Handlung zu bewegen, mittels planmäßiger Beeinflussung. Die Öffentlichkeitsarbeit ist strategisch und somit langfristig angesetzt. Es gilt nicht eine kurzfristige Reaktion zu erzeugen, sondern langfristig die Meinung und das Wissen der Öffentlichkeit zu verändern. Die Vorgehensweise der Öffentlichkeitsarbeit ist die zweiseitige Kommunikation, die Argumentation mit den relevanten Zielgruppen; eine Vorgehensweise, die der Werbung sicherlich abgesprochen werden kann. „Werbung kann sich mit der Überredung des präsumtiven Kunden begnügen, wenn das Produkt gut genug ist, um die Kaufentscheidung im Nachhinein objektiv zu rechtfertigen. Öffentlichkeitsarbeit muss dagegen überzeugen."[4]

Es lässt sich also sagen, dass Werbung durchaus für die Ziele der Öffentlichkeitsarbeit eingesetzt werden kann, jedoch sind die Ziele der Werbung und der Öffentlichkeitsarbeit grundsätzlich verschieden. Entscheidender Unterschied dürfte die Kommunikationsform von Werbung und Öffentlichkeitsarbeit sein, die sich mit den jeweiligen Zielsetzungen vereinigen lässt. So ist die Kommunikationsstruktur von Werbung eine monologische, denn ein Feedback findet lediglich durch den Kaufakt des Kunden statt. „Öffentlichkeitsarbeit hingegen ist auf eine echt dialogische Rückkopplung mit den angesprochenen Zielgruppen angewiesen."[5] Ein weiteres Merkmal der Öffentlichkeitsarbeit, welches die Werbung nicht aufweist, ist die Zielgruppenselektion. Während Werbung doch meist eine sehr große Zielgruppe hat, die über Massenmedien wie den Werbespot angesprochen werden, so kann die Zielgruppe der Öffentlichkeitsarbeit sehr viel kleiner und vor allem sehr viel spezifischer sein. Dies liegt an der Erfassung der Zielgruppen. Werbezielgruppen werden meist nur über demographische Daten erfasst. Mit diesen demographischen Merkmalen werden dann bestimmte Vorlieben und Interessen assoziiert. Im Gegensatz zu dieser sehr anonymen Zielgruppenerfassung, werden innerhalb der Öffentlichkeitsarbeit oft Personen oder Gruppen angesprochen über die detailliertes Wissen vorhanden ist, so z.B. bei Organisationen oder Verbänden.

Nachdem nun eine inhaltliche Abgrenzung gegenüber der Werbung, sowie der Propaganda stattgefunden hat, will diese Arbeit nun noch etwas näher auf den Begriff Öffentlichkeitsarbeit selber eingehen. Bisher wurden als eindeutige Charakteristika der Öffentlichkeitsarbeit die

---

[4] Vgl. Müller-Vogg
[5] Friedlaender, S.26.

Kommunikationsstruktur und die Zielsetzung herausgearbeitet, sowie die Zielgruppenselektion. Im Mittelpunkt der Öffentlichkeitsarbeit steht das strategisch konstruierte Image das der Öffentlichkeit vermittelt werden soll. Weitgehend gesättigte Märkte, sowie Produkte und Dienstleistungen die sich im Punkt Qualität und Preis immer ähnlicher werden, machen das PR-Konzept zunehmend zur entscheidenden Rolle bei der Produktauswahl des Kunden.[6] Innerhalb der Öffentlichkeitsarbeit ist die wechselseitige Kommunikation mit den relevanten (Teil-) Öffentlichkeiten unerlässlich. Denn die langfristige Zielsetzung liegt nicht auf Überzeugungsarbeit, sondern auf einem Ausgleich der Interessen. Die Deutsche Public Relations-Gesellschaft (DPRG) definiert Öffentlichkeitsarbeit daher so: „Public Relations ... sind die Pflege und Förderung der Beziehungen eines Unternehmens, einer Organisation oder Institution zur Öffentlichkeit; ... Zweck der Öffentlichkeitsarbeit ist, Aufmerksamkeit und Interesse zu wecken, Sympathie und Vertrauen zu gewinnen. PR soll Entscheidungsprozesse in und zwischen Institutionen beeinflussen, sie dient der Konfliktbewältigung und dem Bemühen um Konsens."[7] Der Begriff Public Relations wird hier synonym zu Öffentlichkeitsarbeit verwendet. Besonders deutlich wird bei dieser Definition die auf Wechselseitigkeit ausgerichtete Kommunikationsstruktur. „Öffentlichkeitsarbeit ist also keine einseitige Aufgabe zur Öffentlichkeit hin, sondern eine auf Gegenseitigkeit ausgerichtete Tätigkeit, bei welcher der Öffentlichkeit ein aktiver Beitrag zugestanden wird."[8] Öffentlichkeitsarbeit ist also als ein Prozess stetiger Anpassung zu verstehen, in dem ständigen Bemühen Akzeptanz, Zustimmung und Interesse in der Öffentlichkeit zu erlangen. Unter diesem Gesichtspunkt ist dann auch klar, dass Öffentlichkeitsarbeit als strategische Maßnahme zu verstehen ist, die vom Management eines Unternehmens gesteuert wird. Der strategische Aspekt der Öffentlichkeitsarbeit wird in der Definition des schweizerischen Public-Relations-Institut noch etwas deutlicher hervorgehoben, wobei auch hier der Begriff Public Relations synonym zu Öffentlichkeitsarbeit verwendet wurde: „Public Relations sind das Verhalten und die Gesamtheit der bewussten, geplanten und dauernden Bemühungen, in der Öffentlichkeit sowie bei direkt oder indirekt betroffenen Gruppen gegenseitiges Verständnis und Vertrauen aufzubauen und zu fördern."[9] Der strategische Aspekt sieht sich darin begründet, das Öffentlichkeitsarbeit nicht nur als Indikator gesellschaftlicher Akzeptanz zu verstehen ist, sondern auch als eine Art Frühwarnsystem. Bei der wechselseitigen Beziehung zwischen Organisation und Öffentlichkeit können Trends frühzeitig ausgemacht werden. Und welchen Wert dies für eine Organisation haben kann, liegt auf der Hand. So kann abweichenden Interessen entgegengewirkt werden und Konflikte frühzeitig entschärft werden. Man denke nur an ein gesellschaftliches Umdenken zum Thema Umweltschutz oder, ganz aktuell, die EU-Osterweiterung. Die Organisation kann

---

[6] Vgl. Ott, S.86.
[7] Deutsche Public Relations-Gesellschaft, S.4.
[8] Friedlaender, S.17.
[9] Schweizerisches Public-Relations-Institut, S.11.

frühzeitig öffentlich Stellung beziehen und die Kommunikation mit den relevanten Zielgruppen suchen. Auf diese Art kann z.b. einem Vertrauensverlust entgegengearbeitet werden oder um Verständnis für unternehmerische Entscheidungen geworben werden. Durch die „dialogischen Beziehungen ist es möglich, mit den von relevanten Öffentlichkeiten formulierten Interessen umzugehen und schließlich einen Ausgleich der Interessen herbeizuführen."[10]

Öffentlichkeitsarbeit dient aber nicht nur der Kommunikation mit der Öffentlichkeit, sondern ist auch als Instrument im Wettbewerb um die Aufmerksamkeit der Öffentlichkeit zu sehen. Jedes Unternehmen muss sich dem Verdrängungswettbewerb auf dem Markt der Informationen stellen, denn immer mehr Informationen müssen in immer kürzerer Zeit von der Öffentlichkeit zur Kenntnis genommen und bewertet werden.[11] Das Individuum investiert seine knappe Ressource Zeit unter der Abwägung von Aufwand und Ertrag; dahin gehend ist es die Aufgabe der Öffentlichkeitsarbeit herauszufinden, nach welchen Kriterien das Individuum, stellvertretend für eine bestimmte Teilöffentlichkeit, entscheidet, eine Information aufzunehmen oder sie abzulehnen. So ist es also existenziell für ein Unternehmen im Wettbewerb um Aufmerksamkeit zu bestehen und in der Öffentlichkeit wahrgenommen zu werden, erst dann kann Öffentlichkeitsarbeit im Sinne der Kommunikation mit der Öffentlichkeit gestaltet werden.

Zusammenfassend lässt sich sagen, dass die Öffentlichkeitsarbeit ständig darum bemüht ist, in einem stark umkämpften Markt der Informationen, mit gesellschaftlichen Veränderungen Schritt zu halten um somit langfristig die Existenzsicherung des Unternehmens oder der Organisation zu gewährleisten. Dazu wird die kontinuierliche Kommunikation mit der Öffentlichkeit, bzw. mit den relevanten Zielgruppen, gesucht und gepflegt. Ein öffentlicher, von Interaktivität und Dialog geprägter Kommunikationsprozess ist also das Mittel, sowie das Ergebnis von Öffentlichkeitsarbeit in dem ständigen Bemühen in dem Bewusstsein der Öffentlichkeit präsent zu sein.

2.2 Methodik und Konzepte der Öffentlichkeitsarbeit

Im Laufe der theoretischen Auseinandersetzung mit dem Thema Öffentlichkeitsarbeit wurden eine Reihe Modelle und Konzepte zur Öffentlichkeitsarbeit bzw. Public Relations erarbeitet. Der Begriff Public Relations ist synonym zu Öffentlichkeitsarbeit zu verstehen und wird im Folgenden mit PR bezeichnet. Anhand von ausgewählten Modellen können Zielsetzungen sowie inhaltliche Unterschiede und Gemeinsamkeiten verschiedener PR-Konzepte aufgezeigt werden.

---

[10] Friedlaender, S.19.
[11] Vgl. Ott, S.87

James E. Grunig und Todd Hunt legten im Jahre 1984 ihren Entwurf ´Four Models of Public Relations´ vor. Diese vier Modelle stellen die heutigen Handlungsalternativen von Organisationen und Unternehmen im Punkt PR dar. Des Weiteren kann man an diesen Modellen aber auch die chronologische Entwicklung der PR ablesen. So ist das Publicity-Modell das erste jener vier Modelle und somit auch das mit der niedrigsten Entwicklungsstufe. Von einer niedrigen Entwicklungsstufe kann deshalb gesprochen werden, da das Charakteristische an diesem Modell die einseitige Kommunikationsstruktur ist, d.h. die transportiere Information ist einseitig vom Sender zum Empfänger gerichtet. Es wird kein langfristiger Dialog gestaltet und somit erlangt das Unternehmen natürlich auch keinerlei Feedback an dem es die Strategie der Öffentlichkeitsarbeit in einem längeren Prozess ausrichten könnte. „Bei der Anwendung dieses Modells geht es primär darum, eine Organisation und/oder deren Produkte oder Dienstleistungen in das Bewusstsein relevanter Bezugsgruppen zu rücken."[12] Die Parallele zur Werbung ist unübersehbar und daher bezeichnen Grunig/Todd dieses Modell auch der propagandistischen Public Relations zugehörig. Da es um kurzfristige oder bestenfalls mittelfristige Überzeugungsarbeit geht, ist auch der Wahrheitsgehalt der Informationen kein wirklicher Erfolgsfaktor. Als Beispiel stelle man sich eine baldige Sportveranstaltung vor, die mit den Slogan ´Das größte Sportereignis das diese Stadt je gesehen hat´ angepriesen wird. Niemand würde diesen Slogan wohl auf seinen Wahrheitsgehalt überprüfen. Schon allein deshalb weil allen Beteiligten klar ist das es sich um keine rationale Aussage handelt. Diese Polemik und Halbwahrheiten werden also vom Empfänger akzeptiert. Der Sender setzt mehr auf emotionale Reaktionen als auf rationale. Mehr auf kurzfristige als auf langfristige. Man beachte, dass bei dieser Art der PR ausschließlich auf die Präsenz in den Massenmedien abgezielt wird. Daraus ergeben sich auch die klassischen Anwendungsbereiche des Publicity-Modells: Sportveranstaltungen, Verkaufsförderung und Unterhaltung im Allgemeinen.

Das zweite Modell in der chronologischen Entwicklung der Öffentlichkeitsarbeit ist das Modell der Informationstätigkeit. Dieses Modell ist in der Kommunikationsstruktur dem Publicity-Modell nicht unähnlich. Auch hier wird die Information einseitig vom Sender zum Empfänger geleitet. Der Unterschied zum Publicity-Modell ist die Zielsetzung und der Informationsinhalt selber. Bei diesem Modell geht es nicht um die bloße Medienpräsenz sondern um einen hohen Informiertheitsgrad der Öffentlichkeit über Standpunkte, Vorhaben oder auch Vorgehen eines Unternehmens oder einer Organisation. Es ist also eher als ein rationales Modell anzusehen, da auch die Auseinandersetzung des Empfängers mit den erhaltenen Informationen rational erfolgt. Anders als beim Publicity-Modell haben die verbreiteten Informationen einen hohen Wahrheitsgehalt, denn hier werden vom Empfänger keine Unwahrheiten akzeptiert, geht es doch darum durch Informationen und nicht durch emotionale Aufladung Zustimmung und

---

[12] Friedlaender, S.35

Akzeptanz zu erwerben. Emotionale Aufladung ist eine Werbestrategie des Marketings. Hier wird nicht auf Information gesetzt, sondern auf schlagkräftige Slogans oder expressionistische Bilder. Überzeugung durch Reizeinflüsse könnte man diese Werbestrategie nennen. Gerade bei Non-Profit Organisationen ließe sich diese Werbestrategie oft nicht mit den Zielen der Organisation vereinen. So z.b. eine Organisation die Informationen über den Verbleib von Spendengeldern verbreitet um so neue Spenden zu sammeln. Natürlich werden gerade bei Hilfsorganisationen und Spendenaufrufen auch auf emotionale Aufladung gesetzt, allerdings steht hier die Information im Vordergrund. Die klare Abgrenzung zum Publicity-Modell ist also in der Zielsetzung, Informiertheit einerseits und bloße Medienpräsenz andererseits, zu sehen, sowie im Wahrheitsgehalt der verbreiteten Informationen.

Das Modell der asymmetrischen Kommunikation weist schon eine entscheidende Veränderung, bzw. Weiterentwicklung in der Kommunikationsstruktur auf. So wird hier erstmals auf ein Feedback der relevanten Zielgruppen gesetzt. Trotzdem kann hier nicht von einem Dialog oder einem Ausrichten an der Öffentlichkeit gesprochen werden. Ausrichten an der Öffentlichkeit ist hier in dem Sinne gemeint, das im Dialog mit den relevanten Zielgruppen ein Konsens gefunden wird. Zwar verläuft die Kommunikation hier schon in beide Richtungen, allerdings ist die Kommunikation eindeutig vom Sender bestimmt. Das Feedback der Öffentlichkeit wird eingeholt und systematisch ausgewertet. Anhand dieser Ergebnisse wird versucht die Ansprache an die Öffentlichkeit effizienter zu gestalten indem z.b. Kritikpunkte überarbeitet werden oder innerhalb der Öffentlichkeitsarbeit anders dargestellt werden. Das Unternehmen, die Organisation, ist also um eine optimale, an wissenschaftlichen Maßstäben ausgerichtete Ansprache an die Öffentlichkeit bemüht. „Es ist das Ziel dieses Modells, die eigene Persuasionstechnik auf der Basis wissenschaftlich erworbener Kenntnisse zu verbessern."[13] Obwohl hier nun von Kommunikation die in beide Richtungen verläuft gesprochen wird, was die Weiterentwicklung dieses Modells ausmacht, so ist die Zielsetzung doch noch immer die Überzeugung der relevanten Zielgruppen durch einseitigen Transport der Informationen und nicht eine auf Konsens ausgerichtete Arbeit, was auch die Parallele zu den vorangegangenen Modellen darstellt. D.h. es wird ausschließlich versucht eine Veränderung von Einstellungen und Verhaltensweisen der relevanten Bezugsgruppen herbeizuführen.

Nach Felix Friedlaender ist das Modell der symmetrischen Kommunikation durchaus als idealtypische Form der Public Relations zu sehen, da im Mittelpunkt dieses Modells der Konsens steht und nicht der einseitige Transport von Informationen.[14] Die Arbeitsweise des Modells unterscheidet sich grundlegend von den vorangegangenen. Dem Unternehmen oder

---

[13] Vgl. Zerfaß
[14] Vgl. Friedlaender, S.38

der Organisation wird keine starre Einstellung zu relevanten Sachverhalten mehr unterstellt. Ging es doch zuvor darum die Öffentlichkeit lediglich vom eigenen Standpunkt zu überzeugen, ihnen fertige Weltbilder zu präsentieren und auf deren Durchsetzung zu drängen, so steht jetzt eine flexible Unternehmenseinstellung die im Dialog mit den relevanten Teilöffentlichkeiten den Konsens sucht, den Bezugsgruppen gegenüber. Auch hier wird ein Feedback eingeholt, wobei es nun nicht gilt mittels systematischer Analyse die Ansprache an die Öffentlichkeit effizienter zu gestalten, sondern das Feedback wird dazu benutzt mögliche Konflikte mit der öffentlichen Meinung offen zu legen. Sind potenzielle Konflikte erkannt worden, gelten sie als Grundlage für einen Dialog mit den Bezugsgruppen. Charakteristisch für dieses Modell ist, dass es am Ausgangspunkt der Verhandlungen zur Lösung des Konfliktes keinen strategischen Vorteil für eine beteiligte Gruppe gibt. Weder für das Unternehmen/die Organisation, noch für Teile der Öffentlichkeit. Die Konfliktlösung soll durch wechselseitiges Zutun erreicht werden. Man kann also von einer Annährung durch beidseitige Veränderung der Ausgangspositionen sprechen, in deren letztlichen Stillstand idealerweise der Konsens erreicht wurde. Um einen solchen Konsens zu erreichen, um einen dazu notwendigen Dialog zu führen, muss die Kommunikationsform den Umständen angepasst werden. Das hat zur Folge das Massenmedien als Kommunikationsinstrument nicht mehr ausreichen können. Der Dialog verlangt eine interpersonelle Kommunikationsform, wie Befragungen am Telefon, per Fragebogen der per Post versand wird oder aber auch per E-Mail. Selbstverständlich ist der erreichte Konsens dann nicht das Ende der Öffentlichkeitsarbeit. Sie ist also nicht am Ziel angekommen, sondern befindet sich in einem stetigen Prozess. Ist ein Konsens erreicht, so gilt es ihn beizubehalten, mit der Entwicklung und Veränderung der öffentlichen Meinung Schritt zu halten. Um dies zu gewährleisten, sind regelmäßige Befragungen der Bezugsgruppen unerlässlich. Bei jeder Offenlegung eines Konflikts ist es erneut an der Öffentlichkeitsarbeit die Konfliktlösung durch wechselseitigen Informationsfluss, also im Dialog zu suchen und zu stabilisieren. Der Informationsfluss der Öffentlichkeit hin zu dem Unternehmen oder der Organisation erfolgt durch Befragungen via Telefon, Brief oder auch E-Mail. Durch Resonanz auf Angebote oder Veranstaltungen. Also eher durch interpersonelle Kommunikation, während der Informationsfluss vom Unternehmen/der Organisation hin zur Öffentlichkeit sehr wohl auch über Massenmedien erfolgt, wie Zeitungs- oder Fernsehberichte, Homepages oder sonstige Bereitstellung von Informationen die das Unternehmen/die Organisation betreffen. Die Benutzung von Telefon oder aber dem Briefverkehr als Instrument der Öffentlichkeitsarbeit ist bekannt und vorstellbar. Aber inwieweit neue Medien als Instrumente der Öffentlichkeitsarbeit eingesetzt werden können und werden, wie z.B. die E-Mail oder die Homepage, zeigt diese Arbeit in den folgenden Kapiteln.

Die vorangegangenen Modelle zeichnen die Entwicklung der Öffentlichkeitsarbeit von der niedrigen Entwicklungsstufe des Publicity-Modells bis hin zur höheren Entwicklungsstufe des

Modells der symmetrischen Kommunikation. Es muss allerdings beachtet werden, dass trotz der unterschiedlichen Entwicklungsstufen alle Modelle heute noch Anwendung finden und für bestimmt Situationen die beste Lösung darstellen. Welches Modell in einem Unternehmen oder in einer Organisation dann letztlich angewandt wird, hängt vom Unternehmensziel sowie der Beziehungsstruktur Organisation–Umwelt ab. In den folgenden Beispielsituationen wird deutlich welches Modell die größte Effizienz aufweisen würde. Wenn ein neuer Film in den Kinos anläuft, gehen die Schauspieler auf PR-Tour. Das bedeutet sie sind Gäste in Talkshows, geben Pressekonferenzen und Interviews. Sie erzeugen also Präsenz in den Medien um das Produkt, in dem Fall den Film, kurzfristig in das öffentliche Bewusstsein zu rücken, um so mehr Karten zu verkaufen. Dies wäre eine sinnvolle Anwendung des Publicity-Modells. Wenn das Deutsche Rote Kreuz Spenden sammeln will für Bürgerkriegsopfer im Kongo, dann wäre wohl das Modell der Informationstätigkeit am effektivsten. Die entsprechenden Spendenaufrufe sähen dann so aus, das über die Massenmedien wie Fernsehen oder Zeitungen etwas über die Situation im Kongo berichtet werden würde und dann welche Maßnahmen mit den Spendengeldern geplant sind, bzw. ergriffen werden könnten; also Informationen über die Verwendung. Wobei diese Informationen einen sehr hohen Wahrheitsgehalt hätten. Soll ein neues Produkt eingeführt werden, so geht die Kampagne über das einfache Publicity-Modell hinaus. Hier würde das Modell der asymmetrischen Kommunikation Anwendung finden.[15] Die Präsentation des neuen Produktes würde sich dann an der wissenschaftlichen Analyse des Feedbacks der relevanten Bezugsgruppen ausrichten. Nun stelle man sich ein Unternehmen vor, das bedingt durch die EU-Osterweiterung Produktionsstätten in ein osteuropäisches Land verlegen will. Dies würde den Verlust vieler Arbeitsplätze in Deutschland bedeuten und es wäre mit einem Konflikt in der Öffentlichkeit zu rechnen. Ein sinnvolles Modell der Öffentlichkeitsarbeit wäre hier das Modell der symmetrischen Kommunikation. Es wäre dann die Aufgabe der PR mit den relevanten Bezugsgruppen innerhalb eines dialogischen Prozesses einen Konsens zu finden, z.B. in der Form, das in der Öffentlichkeit erkannt wird, das trotz eines engen wirtschaftlichen Rahmens, die soziale Verantwortung des Unternehmens von Seiten des Unternehmens wahrgenommen wird.

---

[15] Vgl. Friedlaender, S.37

3 Online-Medien

3.1 Online-Medien als Instrumente der Öffentlichkeitsarbeit

Unter Online-Medien sind die einzelnen Netzdienste des Internet zu verstehen, wobei innerhalb dieser Arbeit die Netzdienste E-Mail, Newsgroups sowie das World Wide Web (www) stellvertretend für die Online-Medien stehen, da diesen Applikationen innerhalb der Öffentlichkeitsarbeit die größte Bedeutung zukommt. Wenn man sich mit neuen Medien beschäftigt, dann muss einem klar sein, dass es sich nicht um eine bloße Weiterentwicklung vorhandener Medien und Kommunikationswege handelt, sondern das mit der Entstehung und Verbreitung der neuen Medien, also der Online-Medien, sich neue Kommunikations-möglichkeiten und Strukturen entwickelt haben. Kommunikation in der Form neuer Medien weist also ganz neue Charakteristika von Kommunikation auf.

Die bedeutendsten Netzdienste des Internet im Bezug auf die Öffentlichkeitsarbeit, sind E-Mail und das World Wide Web. Das www ist ein „multimediales Informationssystem, das die Datenmassen im Internet strukturiert und für den Benutzer dadurch anschaulicher macht. Es basiert auf Hypertext und nutzt ausgiebig die Möglichkeiten grafischer Benutzeroberflächen moderner Computersysteme. Hypertext bedeutet, dass der Text implizite Verweise auf andere Quellen, Personen usw. enthält. Der Begriff World Wide Web charakterisiert den Grundgedanken der weltweiten Vernetzung von Informationen."[16] So ist es dem Benutzer möglich sich koordiniert und gezielt durch das riesige Informationsangebot des Internet zu bewegen.

Innerhalb des www ist die Website die wohl wichtigste Applikation. „Websites sind hierarchisch aufgebaute Angebote im World Wide Web, die aus einer Eingangsseite, der so genannten Homepage, und zahlreichen weiteren Seiten bestehen, die mit Querverweisen, so genannten Hyperlinks, mit anderen Seiten des eigenen Angebotes oder Websites anderer Anbieter verbunden werden können."[17] So sind neben den Produkt- und Hintergrundinformationen die dem Besucher der Website zur Verfügung stehen auch Kundendienst und Beratung via Internet oder Electronic Commerce, also der Verkauf von Waren über das Internet, möglich. Im Vordergrund einer Website steht allerdings die Informationsbereitstellung für den Besucher der Website. Durch die Verlinkung, also die Hypertextualität der Website, ist es dem Unternehmen oder der Organisation möglich sehr umfangreiche Informationen innerhalb dieses 'Pull-

---

[16] Friedlaender, S.70
[17] Friedlaender, S.132

Mediums' zur Verfügung zu stellen, so dass sich der Besucher durch das Informationsangebot mittels der Hypertextualität navigieren kann um die für ihn relevanten Informationen aufzurufen. Dies können Informationen zur Unternehmensphilosophie und –geschichte sein, aktuelle Wirtschaftskennzahlen, Geschäftsberichte oder neuste Pressemitteilungen über das Unternehmen. Neuigkeiten über geplante und aktuelle Projekte wie auch Informationen über Mitarbeiter. Durch dieses breite Spektrum der Informationsbereitstellung dient die Website dem Unternehmen in erster Linie zur Selbstdarstellung. Um den Dialog mit den relevanten Zielgruppenelementen nicht zu vernachlässigen besteht die Möglichkeit weitere Applikationen in die Website zu integrieren. So können Diskussionsforen oder ein Gästebuch eingerichtet oder eine E-Mail-Kontaktadresse angegeben werden. Dabei muss beachtet werden, dass nicht die Ausschöpfung aller technischen Möglichkeiten, sondern eine stimmige Informationspräsentation zu einem effizienten Internetauftritt führt. Was meint in diesem Kontext effizient? Bei der Vorbereitung einer Internetpräsenz muss einem klar sein, dass das www ein sehr schnelles Medium ist. D.h. der Besucher einer Website kann die Site genauso schnell wieder verlassen, wie er sie betreten hat. Effizient ist sie dann, wenn der Besucher länger auf der Website verbleibt und sich mit dem Informationsangebot auseinandersetzt. Daher sollten aufwendige Animationen mit langen Ladezeiten vermieden werden, das Informationsangebot sollte klar und übersichtlich strukturiert sein. Auch die Aktualität der angebotenen Informationen hat maßgeblichen Einfluss auf die Effizienz in dem hier definierten Sinn. Der Internetauftritt sollte also grundsätzlich an den Bedürfnissen des Besuchers ausgerichtet sein. „Die Qualitätsmerkmale einer Website sind der Informationsmehrwert, der Unterhaltungsmehrwert, Aktualität, Service und Interaktion; aus diesen Qualitätsmerkmalen konstituiert sich eine spontane Affinität gegenüber einer Website bzw. deren Informationsangebot und damit die Entscheidung des Online-Nutzers, dieses Angebot erneut aufzusuchen."[18] Der Informationsmehrwert ist hier die Aktualität, Exklusivität oder Informationstiefe einer Website, während Unterhaltungsmehrwert einer Website integrierte Gewinnspiele o.ä. meint. Unter Service und Interaktivität sind Diskussionsforen, Chats oder E-Mailkontaktadressen zu verstehen, die ein Gemeinschaftsgefühl oder Gefühl der Mitbestimmung erzeugen können. Wie der Besucher einer Website die einzelnen Qualitätsmerkmale gewichtet, hängt sicherlich von seiner Motivation zum Besuch der Website ab, bzw. hängt die Gewichtung der einzelnen Qualitätsmerkmale von Seiten des Unternehmens oder der Organisation von der relevanten Zielgruppe ab. Ähnlich wie bei dem Kommunikationsmittel E-Mail, kann eine Website nur bei gewährleisteter Onlineerreichbarkeit zu dem gewünschten Erfolg führen. Auch hier gilt es die URL, also die Internetadresse, 'offline' bekannt zu machen. Dies geschieht wie bei der E-Mail über den Einsatz der klassischen Medien, also durch Werbespots, –Plakate oder Zeitschriften. Hinzu kommt, aufgrund der Hypertextualität des Internet, die Möglichkeit der Verlinkung zu anderen, inhaltlich ähnlichen Websites, durch die User auf die Website aufmerksam werden

---

[18] Friedlaender, S.142

können. Abschließend lässt sich sagen, dass eine Website auf die nutzerorientierte Informationsbereitstellung unter der Berücksichtigung der individuellen Gewichtung der Qualitätsmerkmale, zur Erreichung einer möglichst hohen Effizienz, abzielt.

Bei der Electronic Mail oder einfach E-Mail, handelt es sich um einen schnellen Weg, Nachrichten und Dokumente zwischen zwei Anwendern und deren Rechnersystemen auszutauschen. Hierbei kann die E-Mail mehrere Netze auf ihrem Weg zum Ziel durchwandern, da es nicht zwingend notwendig und auch eher selten der Fall ist, das die beiden kommunizierenden Rechner im gleichen Netz aktiv sind. Es handelt sich also nicht um einen 'Punkt-zu-Punkt'-Dienst, wie z.B. beim Telefon. Die versendeten Daten werden zwischengespeichert und können vom Empfänger, mit Hilfe von Mail Clients herunter geladen werden. Auf diesem Wege können Texte, Dokumente bis hin zu kleineren Videosequenzen übertragen werden. Die Übertragungsdauer hängt von der zu übertragenden Datenmenge ab, wobei E-Mails in der Regel binnen wenigen Minuten zugestellt sind. Sind Sender und Empfänger im gleichen Rechnernetz, so dauert die Übertragung lediglich Sekunden.

Die E-Mail ermöglicht den digitalisierten Datenaustausch über elektronische Netze, dessen hervorstechende Eigenschaften die Geschwindigkeit mit der die Daten übertragen werden und die verhältnismäßig geringen Kosten der Übertragung sind. Damit hat die E-Mail gerade im Bezug auf Kosten und Geschwindigkeit einen Wettbewerbsvorteil gegenüber dem Telefon oder der Briefpost. Die Tatsache, dass die Daten digitalisiert versendet werden bedeutet, dass die Daten vom Empfänger der E-Mail weiterverarbeitet werden können. Auch werden die Daten direkt an den Arbeitsplatz verschickt und nicht wie bei der Post durch Dritte übermittelt. Diese Aspekte machen die E-Mail zu einer der wertvollsten Instrumente für die Praxis der Öffentlichkeitsarbeit. Innerhalb der Öffentlichkeitsarbeit wird die E-Mail als 'Push-Medium' genutzt, das bedeutet das mit ihr als Kommunikationsmittel, Informationen zu dem Empfänger „gebracht" werden und nicht wie z.B. auf einer Homepage auf der sich der Nutzer die Informationen „holen" muss ('Pull-Medium'). So können z.B. alle als für die Organisation relevant erscheinenden Ansprechpartner in einem Verteiler gespeichert werden. Dies können Medienvertreter sein, aber auch selektierte Teilöffentlichkeiten, denen zielgruppenspezifische Informationen zugetragen werden. Gerade für die Empfängergruppe Medienvertreter ist die technische Struktur der E-Mail sehr von Vorteil, ist doch gerade die Aktualität von Informationen innerhalb der Öffentlichkeitsarbeit oft von großer Bedeutung, so kann dies aufgrund der schnellen Übertragungsmöglichkeit gewährleistet werden. Des Weiteren besteht die Möglichkeit neben Texten auch Pressefotos oder anderen digitalen „Anhang" in die E-Mail zu integrieren, was zu einer höheren Komplexität der Informationen führt. Ein weiterer Vorteil des Verteilers ist die parallele Versendung an alle Empfänger, was erhebliche Zeit- und Kosteneinsparung gegenüber dem Telefon bedeutet, können doch die Pressemeldungen zeitgleich von allen

Medienvertretern empfangen werden. Weniger auf Aktualität, sondern mehr auf ein grundlegendes Informationsangebot zielt ein Newsletter ab. Auch hier können Medienvertreter Element der Zielgruppe sein; in der Regel sind Newsletter aber mehr für den Kunden bzw. potentiellen Kunden gedacht. Da die Newsletter vom Nutzer abonniert werden müssen gibt es auch wenige Streuverluste. Neben aktuellen Produkt- oder Veranstaltungsinformationen liegt der Vorteil in dem für das Internet typischen Hyperlink-Prinzip. So kann die gesendete E-Mail einen Verweis auf weitere Informationen, wie z.b. die Homepage des Unternehmens, enthalten, wie auch auf andere Informationen die im Rahmen der Öffentlichkeitsarbeit als relevant erachtet werden. So werden die Ansprechpartner nicht nur mit aktuellen Informationen versorgt, sondern auch mit denen im Kontext des gesendeten Newsletters stehenden Informationen. Über den Netzdienst E-Mail kann auch im Rahmen der Öffentlichkeitsarbeit ein Feedback aus der Öffentlichkeitsarbeit eingeholt werden. Dazu muss alledings die Onlineerreichbarkeit gewährleistet sein, d.h. die E-Mail Adresse muss nach außen mitgeteilt werden. Dies geschieht über den Einsatz der klassischen Medien, z.b. durch Angabe der E-Mail Adresse in Briefköpfen, Unternehmensbroschüren oder auch in Zeitungs- und Zeitschriftenanzeigen oder Werbespots. Die Kommunikation über das neue Medium E-Mail muss also über die klassischen Medien stimuliert werden. Erlangt das Unternehmen ein Feedback über E-Mail, so kann die Information systematisch ausgewertet werden und der Standpunkt der Öffentlichkeit analysiert werden. Das Instrument E-Mail kann so als Frühwarnsystem genutzt werden, indem frühzeitig auf Tendenzen reagiert werden kann und gleichzeitig der Sender der E-Mail in einem E-Mailverteiler aufgenommen und fortan mit zielgruppenspezifischen Informationen versorgt wird. Es entsteht eine dialogische Struktur in deren Verlauf sich die Ansprache der Öffentlichkeitsarbeit an die relevanten Zielgruppen optimieren kann. Zusammenfassend lässt sich festhalten, dass das Kommunikationsmittel E-Mail schneller, kostengünstiger und leistungsstärker ist als die klassischen Alternativen Telefon, Briefpost oder Fax. Allerdings ist die E-Mail nur eine weitere, effiziente, Einsatzmöglichkeit der Öffentlichkeitsarbeit und wirkt nur ergänzend zu den klassischen Medien.

Weniger Werbecharakter und geprägt von einer noch intensiver auf Dialog abzielende Struktur hat bzw. ist die Newsgroup. „Newsgroups sind themenbezogene Diskussionsgruppen, die über das so genannte Usernet, einen auf Texten basierenden Datennetz, das u.a. über das Internet und lokale Mailboxsysteme zugänglich ist, miteinander kommunizieren."[19] Newsgroups sind also Online-Foren in denen über eine Vielzahl von Themen diskutiert wird und zu denen in der Regel jedermann Zugang hat; so also unternehmensrelevante Informationen gewonnen werden können in Form von Meinungen und Äußerungen der Diskussionsteilnehmer. Eine systematische Analyse des Diskussionsverlaufs innerhalb solcher Newsgroups kann wertvolle

---

[19] Friedlaender, S.126

Erkenntnisse für die Ziele der Öffentlichkeitsarbeit bringen und zu einer optimierten Ansage an die relevanten Zielgruppen führen, indem Kritik und Trends frühzeitig erkannt werden, an denen die Ansage an die Zielgruppe ausgerichtet wird. Entscheidend für den Wert einer Newsgroup für die Öffentlichkeitsarbeit sind das Niveau der Diskussionsbeiträge sowie der Wahrheitsgehalt der Aussagen. Schließlich gibt es keinen institutionellen Filter der die Diskussionsbeiträge auf ihren Wahrheitsgehalt überprüft, denn jeder der über die technischen Voraussetzungen verfügt, kann nach Belieben Informationen ins Netz stellen, egal ob sie wahr, falsch oder gar bösartig sind. Aufgabe der Öffentlichkeitsarbeit ist es die relevanten Newsgroups ausfindig zu machen und sie dann einer systematischen Auswertung zu unterziehen. Natürlich kann ein Unternehmen/eine Organisation auch eine Newsgroup auf ihrer Homepage installieren oder in anderen Newsgroups aktiv an Diskussionen teilnehmen oder neue Diskussionen initiieren. Bei dieser aktiven Beteiligung hat die Öffentlichkeitsarbeit die Möglichkeit die Diskussionen zu beeinflussen, Informationen einzustreuen und durch objektive Argumente den Lauf der Diskussion, im Sinne des Unternehmens, positiv zu beeinflussen. Auch können Reaktionen auf neue Themen getestet werden, Meinungen von Experten und Endverbrauchern eingeholt werden. Dabei muss das sachliche Niveau einer Newsgroup beachtet werden, denn Werbemaßnahmen können innerhalb dieses Kommunikationsmittels auf Ablehnung treffen, ist doch die inhaltliche Vorgabe die Diskussionsform und der Meinungsaustausch.

3.2 Online-Medien im Kommunikationsprozess

Nach der ausführlichen Betrachtung der technischen Strukturen des Internet gilt es nun die sich aus eben jenen technischen Strukturen ergebenen Kommunikationsstrukturen und deren Auswirkungen auf die Rahmenbedingungen der Öffentlichkeitsarbeit zu analysieren. Jede Kommunikationsform wird entscheidend von dem Medium, das zwischen Kommunikator und Rezipienten vermittelt, mitgeprägt. Inwiefern sich das Online-Medium in den Punkten Öffentlichkeitsarbeit und Kommunikation von den klassischen Medien wie Fernsehen, Radio oder Printmedien unterscheidet, wird im Laufe dieses Kapitels näher beleuchtet. Unter der Bezeichnung 'klassischen Medien' sind im Folgenden, stellvertretend für die klassischen Massenmedien, Fernsehen, Radio und Printmedien zu verstehen. Deren grundlegende Kommunikationsstruktur jene ist, das Unternehmen Aussagen tätigen, zu deren Übermittlung die Medien Fernsehen, Radio oder Printmedien eingesetzt werden und die Zuschauer, Zuhörer oder Leser jene Aussagen mit keinem oder sehr geringen Grad an Interaktivität empfangen. Innerhalb der Online-Medien hebt sich diese Struktur auf.

Ein Unterschied zwischen Online-Medien und klassischen Medien wird allein dadurch deutlich, das man bei den Empfängern von Online-Medien nicht von Zuschauer, Zuhörer oder Leser spricht, sondern von User, also Nutzer. Dieser erweiterte Empfängerbegriff lässt sich auf den höheren Grad der Interaktivität des Online-Mediums zurückführen. „Klassische Medien stellen den Empfängern ein Informationsangebot zur Verfügung, auf deren Beschaffenheit und Umfang der Empfänger nur geringen Einfluss hat. Im Gegensatz dazu muss sich der Nutzer bei der Online-Kommunikation aktiv im Kommunikationsprozess verhalten, indem er sich Informationsinhalte nach seinen individuellen Bedürfnissen zusammenstellt und somit selbst über Art und Umfang entscheidet."[20] Man denke dabei an das Hyperlink-Prinzip des Internet, welches dem Nutzer ermöglicht gezielt nach den für ihn relevanten Informationen zu suchen. Aufgrund dieser 'Hol-Struktur' werden Online-Medien auch als 'Pull-Medien' bezeichnet, im Gegensatz zu den 'Push-Medien', also den klassischen Medien. Werden mit Online-Medien nicht solche Massen wie z.B. durch das Fernsehen erreicht, so muss einem doch klar sein, das die Kontaktqualität ein sehr viel bessere ist. Man kann davon ausgehen, „dass es sich bei den Nutzern, die aktiv nach bestimmten Informationen suchen, um eine vergleichsweise engagiertere, zielgerichtetere und mit höherer Aufmerksamkeit agierende Nutzerschaft handelt, die sich bei den klassischen Medien noch am ehesten mit der Leserschaft von Fachzeitschriften vergleichen lässt."[21] Sind bei einem Fernsehspot doch nur ein Teil der Zuschauer der Zielgruppe zugehörig, so ist jeder Besucher einer Homepage in der Regel ein potentieller Kunde bzw. Element der Zielgruppe. Ein weiteres Charakteristikum der Online-Medien ist die optionale dialogische Kommunikationsstruktur. Optional ist sie deshalb, weil sie nicht unbedingt dialogisch sein muss. Technisch möglich ist eine dialogische Kommunikationsstruktur allemal; so muss dem User doch lediglich die Möglichkeit eingeräumt werden, ein Feedback geben zu können. Während die klassischen Medien doch eher eine fixierte Rollenverteilung des Kommunikators und des Rezipienten aufweisen, kann diese fixe Rollenverteilung innerhalb der Online-Medien aufgehoben werden. Online-Medien ermöglichen den unmittelbaren Austausch von Aussagen, so dass sich eben eine dialogische Kommunikationsstruktur entwickelt. Kein Dialog hingegen würde trotz des Einsatzes von Online-Medien zustande kommen, wenn entweder kein Dialog vom Kommunikator, also dem Unternehmen/der Organisation, gewünscht wird und dem User keine Möglichkeit der interaktiven Meinungsäußerung gegeben wird, oder aber der User aus einem bestimmten Grund die Möglichkeit der Meinungsäußerung nicht wahr nimmt. Entscheidend für die Öffentlichkeitsarbeit ist dabei, dass sich innerhalb eines mit der Zielgruppe geführten Dialogs die Ansprache des Unternehmens oder der Organisation an die Öffentlichkeit an dem erlangtem Feedback ausrichten kann. Außerdem wird das Zugeständnis einer aktiven Rolle sicherlich positiv vom User aufgenommen. Dahingehend dürfte die dialogische Kommunikationsstruktur sich als vorteilhaft für die Ziele der Öffentlichkeitsarbeit erweisen. Weiter kann eine aktive Rolle des Users als Interaktivität aufgefasst werden, wobei es auch hier noch Unterscheidungen gibt. So ist eine Website eher mit geringerer Interaktivität

---

[20] Friedlaender, S.85
[21] Friedlaender, S.86

bedacht, findet mit ihr doch in der Regel Produktpräsentation und Hintergrundinformation mit eher wenig Einflussmöglichkeiten von Seiten des Users statt. Besteht hingegen die Möglichkeit in Newsgroups oder Chats seine Meinung öffentlich und unzensiert kund zu tun, so ist der Grad der Interaktivität doch sehr viel höher. Wichtig für die Öffentlichkeitsarbeit ist hier die Interaktivität nicht an den technischen Möglichkeiten auszurichten, sondern sich an der Wahrnehmung der Nutzer zu orientieren, was so viel bedeutet wie den Nutzern den Eindruck von Gleichberechtigung oder Mitbestimmung zu vermitteln. Es kann also gesagt werden, dass Online-Medien potentiell interaktive Medien sind. Potentiell interaktiv deshalb, weil die Entscheidung, inwieweit die technischen Möglichkeiten zur interaktiven Gestaltung und deren Nutzung in der Praxis berücksichtigt werden und wie ausgeprägt sie dabei sind, dem Anbietern von Informationen in Online-Medien bzw. dem Nutzer obliegen, das heißt Online-Medien sind nicht a priori interaktiv, sondern die Interaktivität ist immer nur als eine Option von Online-Medien zu verstehen. Ein weiteres Abgrenzungskriterium der Online-Medien gegenüber den klassischen Medien ist die Reichweite. Sind klassische Medien doch gerade durch geografische eingeschränkte Reichweiten gekennzeichnet, so gilt dies für Online-Medien sicherlich nicht. Auflagen, Verbreitungsgebiet oder Senderegionen sind klare Grenzen der klassischen Medien. So ist eine Gemeinsamkeit aller Personen innerhalb einer Zielgruppe der klassischen Medien die regionale Ansässigkeit. Dieses Merkmal fällt innerhalb der Online-Medien weg. Zwar mag auch hier die Zielgruppe geografisch begrenzt sein, dies ist dann allerdings nicht technischer Natur, sonder obliegt den Zielsetzungen der Öffentlichkeitsarbeit. Der entscheidende Punkt ist der, das, sofern die technischen Voraussetzungen erfüllt sind, es keine regionalen Restriktionen der Reichweite von Online-Medien gibt. Zwar könnte man an dieser Stelle das Argument aufnehmen, das Fernsehen doch auch über Satellit zu empfangen ist und auch Radio über das Internet empfangen werden kann, allerdings muss dabei beachtet werden, das trotz dieser möglichen Überbrückung von regionalen Restriktionen, die Maßnahmen der Öffentlichkeitsarbeit über diese klassischen Medien nur auf regionale Zielgruppen abzielen. Als Beispiel dafür könnte man sich einen Radiospot für ein anstehendes Stadtfest vorstellen, der über das Internet auch am anderen Ende der Welt zu hören wäre, diese Informationen dort allerdings für keinen Hörer relevant sein dürfte. Zwar kann dies auch für Online-Medien gelten, z.B. in Form einer Homepage eines regionalen Veranstaltungsortes, allerdings unterliegen Online-Medien nicht grundsätzlich diesen Restriktionen. Denkbare Restriktionen für Online-Medien wären z.B. mangelnde Sprachkenntnisse oder aber auch politisch eingeschränkte Informationsfreiheit, wie es z.B. in Nordkorea der Fall ist. Die Kommunikationsstruktur der Online-Medien ist nämlich geprägt durch 'direkte Kommunikation' im Gegensatz zur 'indirekten Kommunikation' der klassischen Medien, bei denen Kommunikationsmittler zwischen Kommunikator und Rezipienten zwischengeschaltet sind. Kommunikationsmittler nehmen Einfluss auf Gehalt und Bedeutung bei der Übermittlung von Aussagen. Solche Bedeutungsveränderungen durch Personen oder Institutionen sind z.B. gekürzt abgedruckte

Pressemitteilungen, die Botschaft eines Werbespots, die durch kurzfristig geändertes Programmumfeld konterkariert wird oder die Übersetzung aus einer anderen Sprache.[22] Die Möglichkeit z.b. auf Websites Aussagen direkt und unvermittelt zu veröffentlichen, ohne das durch Kommunikationsmittler Einfluss auf Gehalt und Bedeutung ausgeübt werden kann, macht die 'direkte Kommunikation' der Online-Medien aus. „Diese Kommunikationsform ist [...] frei von redaktionellen Denkmustern, Rundfunkräten und journalistischen Aufmerksamkeitsschwellen [...] und daher (wird es) potentiell jedem ermöglicht, fast jedes Thema zum Mittelpunkt seiner Web-Site, seines Newsletters oder seiner Newsgroup zu stellen, weil der geringe Produktionsaufwand für die Bereitstellung von solchen Informationen in Online-Medien und das Fehlen einer kostenintensiven Vertriebs- oder Sendeinfrastruktur die Eintrittsschwelle für das Publizieren von Informationsangeboten signifikant absinken ließ und somit Kriterien wie Refinanzierung und Marktakzeptanz an Bedeutung verloren haben."[23] Dies bedeutet, dass Inhalte schnell, unverfälscht und vollständig veröffentlicht werden können, wodurch sich gegenüber den klassischen Medien die Informationsgeschwindigkeit signifikant erhöht hat. Somit tragen Online-Medien mit ihrer 'direkten Kommunikation' und der 'Hol-Struktur' zur Informationsvielfalt und auch zur Informationstiefe bei, ist doch gerade das Internet oft Quelle für aktuelle oder umfangreiche und detaillierte Hintergrundinformationen. Neben der Kommunikationsform ist auch die Präsentationsform im Bezug auf Online-Medien eine andere, bzw. modifiziertere. Multimedia ist das Stichwort, wenn es um Präsentationsformen im Internet geht. Im allgemeinen Sprachgebrauch wird unter Multimedia das Zusammenwirken verschiedener Medien bei der Präsentation eines Angebots verstanden, wobei bei den Rezipienten mehrere Sinnesorgane angesprochen werden können.[24] Technisch ist Multimedia also als Computerapplikation zu verstehen, die mehrere Medien in der Präsentationsform miteinander verknüpft, wie z.B. Video, Ton, Animation oder Simulation, wodurch mehrere Sinnesorgane gleichzeitig angesprochen werden können. Modifizierung der Präsentationsform meint also das Abweichen von der reinen Text/Bild-Präsentation in Zeitungen oder Video/Ton-Präsentation im Fernsehen, wodurch der Informationsgehalt größere Komplexität erlangen kann und Informationen oft erfolgreicher, im Sinne von verständlicher und übersichtlicher, vermittelt werden können.

---

[22] Vgl. Zerfaß, S.158
[23] Friedlaender, S.95
[24] Vgl. Friedlaender, S.101

4 Online-PR in der Unternehmenspraxis

Durch den zunehmenden Wettbewerb um die öffentliche Aufmerksamkeit ist ein eigenständiges, glaubhaftes und erfolgreiches Images eine zentraler Aspekt wenn es darum geht als Unternehmen langfristig am Markt zu bestehen. Je größer die Konkurrenz auf dem Markt der Informationen, desto schwieriger ist es, Aufmerksamkeit in der Öffentlichkeit zu erlangen. Daraus leitet sich die Aufgabe der Öffentlichkeitsarbeit ab, durch gezielte PR-Maßnahmen sich deutlich von der Konkurrenz abzugrenzen; Einzigartigkeit zu proklamieren. Somit kommt der professionellen und zielgerichtet betriebenen PR in der strategischen Unternehmensführung ein immer größerer Stellenwert zu und mit ihr der Einsatz von Online-Medien im Rahmen der PR-Maßnahmen. Ein Verzicht auf die Einbettung der Online-Medien in die Kommunikationsstrukturen der Öffentlichkeitsarbeit ist nahezu unumgänglich, nutzt doch mit 44 Prozent nahezu jeder zweite Deutsche das Internet.[25] Einher mit der zunehmenden Anzahl an Unternehmen die mit einer Online-Präsenz vertreten sind, geht der Professionalisierungsgrad der Web-Auftritte. Diese Auftritte im Internet variieren in Art und Umfang stark von eingeschränkten Informationsangeboten bis hin zu komplex gestalteten Web-Auftritten unter Ausnutzung der interaktiven und multimedialen Möglichkeiten, wobei mit zunehmenden Einsatz der Online-Medien auch eine Qualitätssteigerung festzustellen ist, bedingt durch die gesammelten Erfahrungen und erarbeitetem Know-how. Ein Vorteil der die Nutzung der Online-Medien in sich birgt, ist die Kostenstruktur eines Internetauftritts. Bedingt durch die verhältnismäßig geringen Kosten müssen Unternehmensgröße und Qualität des Web-Auftritts nicht miteinander korrelieren. Es gilt jedoch das richtige Maß für den Web-Auftritt zu finden, denn „die erfolgreiche Nutzung des Internet als PR-Instrument verlangt eine dem Medium angemessene Planung und Umsetzung der Kommunikationsmaßnahmen, die auf spezifische Anforderungen und Wirkungsmöglichkeiten sowie auf die Leistungsfähigkeit von PR im Internet Rücksicht nimmt."[26] Der Einsatz von Online-Medien muss also subtil geplant werden, wodurch sich neue Anforderungen an das Kommunikationmanagement eines Unternehmens stellen. Gilt es doch einerseits die neuen Kommunikationsstrukturen wohlbedacht in das übergeordnete PR-Konzept einzuarbeiten, anderseits ergeben sich neue Anforderungen an die Qualifikation der Mitarbeiter. So kann eine defizitäre Kombination zwischen Offline- und Onlineangeboten kontraproduktiv für die Ziele der Öffentlichkeitsarbeit sein. Solch eine defizitäre Kombination wäre z.B. eine inhaltlich losgelöste Online-Präsentation von der bestehenden Offline-Präsentation. Es gilt den Einsatz der Online-Medien auf bestehenden PR-Konzepten aufzubauen und als integrativen Bestandteil des übergeordneten Kommunikationskonzeptes zum Einsatz kommen zu lassen. Wissenschaftlichen Befunden zufolge kann eine defizitäre Kombination von Online- und Offlineangeboten den Aufbau und die

---

[25] Vgl. ARD/ZDF-Online-Studie
[26] Köhler, S.136

Pflege von Vertrauen bei Zielgruppen erschweren, da es bei Internetnutzern ein ausgeprägtes Wechselverhältnis zwischen den individuellen Erfahrungen ihrer Lebens- und Internetwelt gibt.[27] D.h. es sollte ein homogener Auftritt eines Unternehmens mit hohem Widererkennungswert bei einem zusätzlich zu den bestehenden Offline-Angeboten konzipierten Online-Auftritt angestrebt werden. Damit dies möglich ist, muss ein Unternehmen über kompetente Mitarbeiter verfügen die entsprechendes Know-how vorweisen, denn die Qualität des Web-Auftritts ist unmittelbar abhängig von der Kompetenz der Mitarbeiter. Ist diese nicht vorhanden, besteht für das Unternehmen die Möglichkeit auf externes Know-how zurückzugreifen, in Form einer Berateragentur. Somit sind mangelnde Personalressourcen nicht unbedingt ein Hindernis für einen professionellen Web-Auftritt. Gerade in kleineren Unternehmen übernehmen aber oft Mitarbeiter mit mangelndem Fachwissen die PR-Gestaltung, was einen mangelhaften Web-Auftritt zur Folge haben kann. Solche Unternehmen müssen ihre Personalpolitik den Erfordernissen des Wettbewerbs anpassen und verstärkt auf die PR-Qualifikationen ihrer Mitarbeiter und potenziellen Mitarbeiter Wert legen. Ist es dann daran eine Online-Präsenz zu gestalten, würde eine Ausnutzung der technischen Möglichkeiten die das Internet bietet, einen hohen technischen wie personellen Aufwand bedeuten, der dann wiederum mit einen hohem Kostenaufwand verbunden wäre. Möglich wären aufgrund der vorhandenen Speichermöglichkeiten umfangreiche Bild- und Grafikdarstellungen oder Video und Audiodarstellungen bis hin zu 3D-Präsentationen, wodurch umfangreiche technische Applikationen nutzbar sind um dem Nutzer komplexe Informationen bereitstellen zu können. Wobei nicht außer Acht gelassen werden darf, dass die meisten User nicht die Bereitschaft haben, minutenlang auf das Laden einer Website zu warten.[28] Auch sollten technische Applikationen die in den Web-Auftritt eingebunden werden, immer das Konzept der PR-Botschaft unterstützen, so dass die strategisch abgestimmte PR-Botschaft nicht hinter aufwendigen Designs verschwindet, zudem haben wissenschaftliche Untersuchungen gezeigt, dass eher einfach gestaltete Web-Angebote die Nutzerfrequenz erhöhen.[29] So gilt es abzuwägen wie ein effizienter Web-Auftritt zu gestalten ist und eine Kosten-Nutzen-Relation zu erstellen. Selten bringt eine volle Ausschöpfung der technischen Möglichkeiten des Internet eine sinnvolle und effiziente Lösung für die Online-Präsenz. Grundlegend ist zu beachten, dass die Informationen und Darstellungen innerhalb des Web-Auftritts adressatenorientiert und nicht absenderorientiert gestaltet werden. Da der Nutzer im www selbst bestimmt, welche Inhalte er ansteuert und welche nicht, ist die Effizienz eines Web-Auftritt abhängig von der Berücksichtigung der speziellen Nutzerinteressen und Nutzeransprüchen.[30] Unternehmen sind gefordert eine ständige Aktualisierung des Web-Angebots und somit eine kontinuierliche

---

27 Vgl. Fröhlich, S.97
28 Vgl. Ott, S.87
29 Vgl. Fröhlich, S.97
30 Vgl. Köhler, S.140

Ausrichtung an den Bedürfnissen der Interessen des Nutzers anzustreben. Eine Studie des Software-Unternehmens Stellent hat ergeben, das als vom Nutzer für gut befundene Websites die Kundenbindung noch verstärken können, wohingegen für schlecht befundene Online-Auftritte sogar zum Abbruch der Geschäftsbeziehungen führen können.[31] Zur Prävention erfolgt die Ermittlung relevanter Daten über die Kommunikation mit den relevanten Zielgruppen mit Hilfe der Instrumente der Online-Medien, wie z.B. das Feedback über die E-Mail oder die Diskussion in Newsgroups. Dialogorientierte Elemente sollten also unbedingt zum Erlangen eines Feedbacks in die Online-Präsenz eingebracht werden um den Wunsch nach Kontaktmöglichkeiten zu erfüllen, zumal seit Anfang 2002 jeder Betreiber einer Homepage dazu verpflichtet ist, in seinem Angebot eine so genannte Anbieterkennzeichnung zu integrieren, die Name, Anschrift, E-Mail-Adresse und Telefonnummer des Betreibers enthält.[32] Mit neuen Kommunikationswegen ist auch ein erhöhter Personalaufwand verbunden, denn Anfragen via E-Mail wollen beantwortet, Inhalte von Newsgroups ausgewertet werden. Mit zunehmender Nutzung und Bedeutung der E-Mail als Kommunikationsmittel, steigt auch die Erwartung des Nutzers hinsichtlich Reaktionszeit und Genauigkeit der Beantwortung von Anfragen. Werden E-Mails zu spät oder sogar gar nicht beantwortet, wirkt sich das schnell negativ auf das Image des Unternehmens aus. „Eine adäquate Antwort in einer entsprechend kurzen Zeit ist für den Aufbau von Beziehungen und Bindungen mit relevanten Zielgruppen wie beispielsweise der Presse unabdingbar und wird langfristig über den PR-Erfolg entscheiden."[33] Eine die Personalressourcen schonende Möglichkeit ist die standardisierte Beantwortung von Anfragen, wobei auch hier beachtet werden muss, dass eine persönliche und individuell erteilte Antwort die Beziehung zwischen Unternehmen und Anfrager intensivieren kann. Nur durch kontinuierliche Kommunikation mit den relevanten Zielgruppen, durch Ausrichtung an den Interessen und Bedürfnissen der Zielgruppe und durch die Optimierung der PR-Maßnahmen hinsichtlich einer im Kommunikationsprozess aufgedeckten Diskrepanz zwischen Unternehmen und Zielgruppe ist eine erfolgreiche und effiziente Online-Präsenz auf Dauer zu gestalten. Zu ermitteln wie erfolgreich das Web-Angebot insgesamt ist, ist Aufgabe der Erfolgskontrolle. Es kann im Bezug auf ihre Durchführung zwischen qualitativen und quantitativen Erfolgskontrollen unterschieden werden. Die einfache quantitative Erfassung der PR-Ergebnisse gibt Auskunft darüber wie viele Menschen mit dem Online-Angebot in Kontakt gekommen sind. So z.B. die automatische Erfassung aller Lesevorgänge einer Website. Diese Methode gibt allerdings keinerlei Auskunft darüber, welche Wirkungen die PR-Maßnahmen erzielen. Qualitative Verfahren hingegen wollen eben diese Wirkung der PR-Maßnahmen erfassen.

---

[31] Vgl. Stellent GmbH Studie
[32] Vgl. §4 Abs.3 Bundesdatenschutzgesetz. (BDG)
[33] Köhler, S.148.

Sie ist auch gleich wohl Zeit- und Personalintensiver. Im Rahmen dieser qualitativen Erfolgskontrolle werden E-Mails, Newsgroups und relevante Chats inhaltlich analysiert und ausgewertet oder Befragungen innerhalb des Online-Angebots durchgeführt, was allerdings die Motivation des Nutzer voraussetzt. Somit erlangt das Unternehmen qualitative Aussagen über die Zielgruppe und kann sich dementsprechend an ihren Wünschen, Einstellungen und Verhaltensweisen ausrichten und die PR-Maßnahmen modifizieren.

5 Fazit

Zusammenfassend kann man sagen das Online-Medien, werden sie für die Ziele der Öffentlichkeitsarbeit eingesetzt, eine sinnvolle und effiziente Ergänzung zu den klassischen Medien darstellen. Wie an einigen Beispielen gezeigt dienen die klassischen Medien dazu, Online-Medien in der Öffentlichkeit und als Kommunikationsmittel zu etablieren. Effizient ist ihr Einsatz dahingehend, dass die Kommunikation zwischen dem Unternehmen oder der Organisation und den relevanten Zielgruppen qualitativ verbessert wird. Durch den Einsatz von Online-Medien haben sich neue Kommunikationsbeziehungen und -strukturen entwickelt, so können Zielgruppen schneller erreicht werden, differenzierter angesprochen werden und mit komplexeren Informationen versorgt werden.

Online-PR ist keine zusätzliche Option für ein Unternehmen, sondern von existenzieller Bedeutung, will das Unternehmen langfristig am Markt bestehen. Die Qualifikation der Mitarbeiter muss sich entsprechend anpassen, um einen effizienten Einsatz der Online-Medien im Rahmen der Öffentlichkeitsarbeit zu gewährleisten. So verlangt erfolgreiche Öffentlichkeitsarbeit einen hohen Professionalisierungsgrad, ausreichende personale wie technische Kapazitäten, sowie über Kompetenz und Erfahrung im Einsatz von Online-Medien. Die relevanten Zielgruppen sind nun Bezugsgruppen in der Kommunikation mit dem Unternehmen/der Organisation. Die durch den Einsatz von Online-Medien geschaffene, dialogische Struktur in der Kommunikation mit den Bezugsgruppen kann der Öffentlichkeitsarbeit als Frühwarnsystem dienen, indem Tendenzen frühzeitig erkannt werden und so die Ansprache an die relevanten Zielgruppen optimiert werden, was zu einem langfristigen Interessensausgleich zwischen einer Organisation und ihren Bezugsgruppen führt. Daraus ergibt sich für die Öffentlichkeitsarbeit die Aufgabe Bezugsgruppen systematisch in die Kommunikation einzubeziehen. Zusätzlich zu den Kommunikationsmitteln wie E-Mail oder Newsgroup, deren charakteristische Struktur eine dialogische ist, ist die Website ein geeignetes Mittel zur systematischen Informationsbereitstellung, die innerhalb der Öffentlichkeitsarbeit zur Selbstdarstellung des Unternehmens oder der Organisation dient, wobei es gilt die Online-Medien in ein übergeordnetes PR-Konzept einzubinden, um das Unternehmen homogen in klassischen wie in neuen Medien zu präsentieren.

Durch die Einbeziehung der Instrumente der Online-Medien in die Öffentlichkeitsarbeit hat sich ein neues, differenziertes Empfängerbild entwickelt, das des Users. Dem Terminus entsprechend wird den Elementen der Zielgruppe ein höherer Grad an Aktivität und Interaktivität zugesprochen, wodurch die zentrale Aufgabe der Öffentlichkeitsarbeit, den ständigen Konsens mit der öffentlichen Meinung bzw. der Meinung der relevanten Zielgruppe zu finden, eine neue Dynamik erfährt. Die Kommunikation steht nun also im Mittelpunkt der Aufgaben der Öffentlichkeitsarbeit; dahingehen hat sich die Zielsetzung der Öffentlichkeitsarbeit durch den Einsatz der Online-Medien verändert, bzw. erweitert.

6 Literaturverzeichnis

1. **ARD/ZDF-Online-Studie (2002):** Entwicklung der Onlinenutzung in Deutschland – Mehr Routine, weniger Entdeckerfreude, in: Media Perspektiven, 40(8), S.346-362.

2. **Bundesdatenschutzgesetz (BDG):** Stand: 2002.

3. **Deutsche Public Relations Gesellschaft (DPRG) (1998):** DPRG in Stichworten, Bonn.

4. **Friedlaender, Felix (1999):** Online-Medien als neues Instrument der Öffentlichkeitsarbeit, Münster.

5. **Fröhlich, Romy (2002):** Die Digitalisierung der PR. Forschungsstand, Erkenntnisinteresse und Praxis-Beitrag der Kommunikationswissenschaften, in: Public Relations Forum, 8(8), S.96-100.

6. **Koschnick, Wolfgang (1996):** Propaganda, Standartlexikon für Werbung, Verkaufsförderung, Öffentlichkeitsarbeit; Band 1, München.

7. **Köhler, Tanja (2004):** Museentempel online – Gegenwart und Zukunft der Museums-PR im Internet, in: Public Relations – Perspektiven und Potenziale im 21. Jahrhundert, S.135-157.

8. **Müller-Vogg, Hugo (1990):** Werbung und PR: Unterschiede, Gemeinsamkeiten, Zusammenwirken, in: Öffentlichkeitsarbeit und Werbung, S.115-120.

9. **Ott, Ulrich (2004):** Zwischen kompetenten Ratgebern und trojanischen Pferden, in: Public Relations – Perspektiven und Potenziale im 21. Jahrhundert, S.85-93.

10. **Schönefeld, Ludwig (1997):** Tendenz steigend. Symmetrische Kommunikation im Internet, in: Public Relations Forum für Wissenschaft und Praxis, 3.Jg., Nr.1, S.34-35.

11. **Schweizerisches Public Relations Institut (1988):** PR geht uns alle an, Biel.

12. **Stellent GmbH (2002):** Studie: Schlechte Internetpräsenz behindern den Geschäftserfolg, Pressemitteilung vom 20.02.2002, http://www.news4press.net.

13. **Zerfaß, Ansgar (1996):** Unternehmensführung und Öffentlichkeitsarbeit, Grundlegung einer Theorie der Unternehmenskommunikation und Public Relations, Opladen.